AF201009

Lissabon

lieben lernen

Der perfekte Reiseführer für einen unvergessli-chen Aufenthalt in Lissabon inkl. Insider-Tipps, Tipps zum Geldsparen und Packliste

Larissa Wieding

Alle Ratschläge in diesem Buch wurden sorgfältig erwogen und geprüft. Eine Garantie kann dennoch nicht übernommen werden. Eine Haftung für jegliche Personen-, Sach- und Vermögensschäden ist daher ausgeschlossen. Die Benutzung dieses Buches und die Umsetzung der darin enthaltenen Informationen erfolgt ausdrücklich auf eigenes Risiko.

Alle Rechte, insbesondere das Recht der Vervielfältigung und Verbreitung der Übersetzung, vorbehalten. Kein Teil des Werkes darf in irgendeiner Form (durch Fotokopie, Mikrofilm oder ein anderes Verfahren) ohne schriftliche Genehmigung reproduziert oder unter Verwendung elektronischer Systeme gespeichert, verarbeitet, vervielfältigt oder verbreitet werden.

✈ INHALT

Tipps für den kleinen Geldbeutel 65

Ein kurzes Abschlussplädoyer 71

Das erwartet Sie in diesem Buch

Dieser Reiseführer über Lissabon soll nicht einfach eine Aufzählung aller Sehenswürdigkeiten sein, die es in der Stadt gibt. Vielmehr soll er Sie dazu anstiften, Lissabon selbst entdecken zu wollen.

Zu Anfang erfahren Sie etwas über Lissabon allgemein, die Hauptstadt Portugals, die Stadt auf sieben Hügeln, die Stadt am Tejo, die Stadt der Individualität. Neben Fakten und Zahlen werde ich Ihnen auch etwas über das Flair der Stadt und die

Mentalität der Menschen erzählen.

Danach folgt eine kurze Zusammenfassung der Geschichte Lissabons, mit besonderem Schwerpunkt auf jener Zeit, als Lissabon die Seefahrermetropole der Welt war.

In dem darauffolgenden Kapitel kommen wir auch schon zum Sightseeing: Ich werde Ihnen natürlich nicht alle Sehenswürdigkeiten Lissabons vorstellen, sondern nur die, welche ich als besonders bereichernd erachte. Während Ihrer eigenen Reise nach Lissabon werden Sie bestimmt noch der einen oder anderen Sehenswürdigkeit über den Weg laufen, die hier nicht aufgezeichnet ist, die Sie aber dann ganz unvoreingenommen entdecken können. Dieses Kapitel über Sehenswertes in Lissabon ist nach bestimmten Stadtteilen von Lissabon gegliedert, sodass Sie sich immer einen bestimmten Bezirk vornehmen können.

Danach folgt eine kleine Vorstellung von Lissabons Umland, also den Orten, die man gut besuchen kann, wenn man ein paar Tage länger in Lissabon verweilt und noch mehr von Portugal sehen möchte. Hierzu halte ich mich allerdings etwas kürzer, da der Fokus doch auf Lissabon liegen soll.

Natürlich stelle ich Ihnen auch noch ein paar empfehlenswerte Restaurants und Cafés vor, genauso wie Möglichkeiten der Anreise.

Ein paar Tipps für den kleinen Geldbeutel, wie man hier und da noch sparen kann, gebe ich Ihnen auch noch mit auf den Weg.

Dann gibt es noch, mit dem Abschlusswort, einen letzten Versuch meinerseits, Ihnen Lissabon schmackhaft zu machen.

Ich wünsche Ihnen viel Spaß beim Lesen oder Hören!

Lissabon – Stadt auf sieben Hügeln

Sie werden sich jetzt sicherlich fragen: „Moment mal, war das nicht Rom mit den sieben Hügeln?". Richtig, aber auch in Lissabon zählte man einst sieben Hügel: Castelo de São Jorge, São Vicente, São Roque, Santo André, Santa Catarina, Chagas und Sant'Ana. Das war allerdings 1620 und wenn man heute durch Lissabon läuft, vermutet man nicht sieben, sondern mehr als 20 Hügel, mindestens. Aber gerade das macht Lissabon so besonders: die vielen engen Gassen, die Treppen, die einfach auftauchen, die plötzlichen Ausblicke über die gesamte Stadt. Eine weitere Besonderheit, die Lissabon zu eigen ist, sind die bunten gefliesten Häuser. Diese berühmten Kacheln beleben die Fassaden. Aber auch die Straßen sind geschmückt mit einer kunstvollen Mosaik-Pflasterung.

Lissabon ist Portugals Hauptstadt, aber im Vergleich der Hauptstädte ganz anders als beispielsweise Berlin oder London. Zum einen ist sie, mit ca. 100 km² Fläche und ca. 545.000 Einwohnern, zwar die kleinste Hauptstadt Europas, wirkt aber zum anderen, durch ihre hohe Bevölkerungsdichte und durch das viele Sehenswerte, nicht ansatzweise klein. Vor allem die vielen alten Stadtteile machen Eindruck. Sie sind es, die Lissabon dieses besondere Flair geben. Sie sind umringt von neueren Vierteln, Vororten oder der jeweils nächsten Stadt, jedoch gelangt man überall so mühelos und kostengünstig mit der Bahn hin, dass man gar nicht bemerkt wo Lissabon aufgehört und ein neuer Ort begonnen hat. Wenn man in Lissabon selbst ist, kommt einem die Stadt riesig und verschlungen vor. Trotzdem fühlt man sich nicht verloren. Zum einen sind die Lissabonner gerne gewillt weiterzuhelfen, sodass man auch mit Schulenglisch gut durchkommt (zur Not verständigt man sich auch mit Händen und Füßen). Zum anderen, weil es hier nicht schlimm ist, sich mal zu verlaufen. In Lissabon gibt es immer wieder neue Dinge zu entdecken.

Möchte man sich nicht so gern allein durch das Gewirr an engen Gassen finden und auch mal eine Pause haben vom Laufen hügelauf und hügelab, kann man sich auch in eine der kleinen gelben Straßenbahnen, oder besser gesagt Trams, setzen. Das hat nicht nur den Vorteil, dass es eine etwas weniger anstrengende Stadterkundung ist. Es kommt dazu, dass es doch immer wieder sehr erstaunlich ist, wie sich diese kleinen Fahrzeuge durch enge Gassen und steile Hügel hinaufschlängeln, ohne dabei an Tempo zu verlieren. Am repräsentativsten ist die Tramlinie 28. Mit ihr kann man eine Rundfahrt durch die vielen Altstadtviertel machen, ohne dafür viel zu bezahlen, wie üblicherweise bei den typischen touristischen Stadtrundfahrten. Das ist aber leider kein Geheimtipp mehr, sodass die Tram 28 meist doch sehr voll ist.

Eine weitere Sache, die für Lissabon sehr typisch ist, sind die vielen kleinen Geschäfte und Cafés.

Zwar gibt es hier auch große Kaufhäuser und Restaurantketten, aber diese werden nicht so richtig beachtet, denn die kleinen charismatischen Läden haben in diesem Fall viel mehr zu bieten. Was man wahrscheinlich in jedem Café in Lissabon finden kann, egal wie individuell es ist, sind Pastel de Nata. Das ist eine traditionelle portugiesische Süßspeise und wahrscheinlich in Belém, einem Stadtteil Lissabons, bereits vor dem 18. Jahrhundert von Mönchen des berühmten Hieronymusklosters hergestellt worden. Dieses kleine Blätterteiggebäck mit Pudding gefüllt muss man probiert haben. Kauft man sich erst einmal nur eines, schmunzeln die Lissabonner immer, denn das Törtchen ist so schnell aufgegessen, dass es schon zwei oder mehr braucht.

Wie Sie wahrscheinlich bereits herausgehört haben, haben die Lissabonner ein freundliches Gemüt. Das trifft vor allem bei gutem Wetter zu. Da Lissabon an der breiten Deltamündung des Rio Tejo liegt, der dann in den Atlantik hineinfließt, herrscht hier ein sehr warmes südliches Klima. Es ist also nicht verwunderlich, dass in Lissabon alles auf warmes Klima ausgelegt ist und die Lissabonner die Sonne und gutes Wetter lieben.

Im Kontrast zu dieser sonnigen Einstellung steht der traditionelle portugiesische Musikstil „Fado". Er wird getragen von schweren Moll-Akkorden und die Inhalte handeln von verlorener Liebe, Sehnsucht nach der Vergangenheit oder einer besseren Zukunft, sozialen Missständen oder Weltschmerz. Für diesen Weltschmerz gibt es in Portugal sogar eine ganz eigene Bezeichnung: „saudade". Wo die Ursprünge dieser melancholischen Musik liegen, weiß man nicht genau. Annahmen sind, dass sie von den Liedern der Seefahrer oder von den Liedern der brasilianischen Sklaven kamen. Besonders verbreitet war der Fado in der ersten Hälfte des 19. Jahrhunderts in den Armenvierteln, vor allem in Mouraria. Im 20. Jahrhundert galt er zwischendurch als spießig, bis er in den 1990ern durch junge Interpreten neues Leben gewann. Im ersten Moment scheint diese wehmütige Volksmusik nicht zu Lissabon zu passen, aber es gehört doch dazu und trägt zu dem Charisma Lissabons bei.

Eine andere musikalische Auffälligkeit in Lissabon sind die vielen Straßenmusiker, die oft richtig gut sind. Außerdem sind sie kreativ, zum Beispiel spielen und singen sie von ihrem Balkon hinunter und hängen für das Kleingeld einen Eimer vom Balkon.

Ein weiteres typisches Merkmal für die Lissabonner: Sie sind abends gerne unterwegs. Dazu gibt es sogar ein sehr passendes portugiesisches Sprichwort: „In Braga betet man, in Porto wird gearbeitet, in Coimbra studiert und in Lissabon gelebt". Mit Langeweile müssen Sie in Lissabon also nicht rechnen.

DIE GESCHICHTE LISSABONS

Lissabons Lage an der Tejomündung lässt bereits vermuten, dass die Stadt einmal eine wichtige Rolle spielte zu Zeiten der Seefahrt und der Eroberungen im 15. und 16. Jahrhundert. Doch bevor es dazu kommen konnte, hatte die Stadt viele Namen und Herrscher.

Einer Legende nach, soll kein anderer als Odysseus persönlich die Stadt gegründet haben. Historisch belegt ist jedoch, dass die Stadt nicht von dem griechischen Sagenhelden, sondern von den Phöniziern zwischen 1000 und 1200 v. Chr. gegründet wurde. Diese, und auch später die Karthager, nannten die Siedlung „Alis Ubbo", was so viel heißt wie

„fröhliche Meeresbucht". Die Legende um Odysseus als Gründervater der Stadt stammt aller Wahrscheinlichkeit nach von den Griechen, die nach den Phöniziern und Karthagern in der Stadt siedelten.

„Olisipo" war der Name Lissabons unter römischer Herrschaft, ab 205 v. Chr. Unter Julius Cäsar erhielt die Stadt ca. 48 v. Chr. das römische Stadtrecht und wurde umbenannt in „Felicitas Julia". Nach dem Untergang des römischen Reichs siedelten germanische Stämme in Lissabon, unter anderem Sueben und Westgoten. Diese wurden ca. 719 abgelöst von den Mauren und Arabern, die die Stadt „Al – Aschbouna" nannten. Der Stadtteil Mouraria erinnert noch heute an die einstige maurische Herrschaft.

Dom Afonso Henriques, der erste König Portugals, vertrieb im 12. Jahrhundert die Mauren aus der Stadt und wurde neuer Herrscher über Lissabon. Bald darauf bekam die Stadt ihren heutigen Namen und wurde 1256 zur Hauptstadt Portugals.

Der Startschuss für das „goldene Zeitalter" waren die ersten Expeditions- und Eroberungsreisen im 15. Jahrhundert unter João I. So richtig „golden" wurde es dann, nachdem Vasco da Gama gegen Ende des Jahrhunderts als erster Europäer den Seeweg nach Indien entdeckte. Lissabon wurde zur bedeutendsten Handelsmetropole ihrer Zeit. Auch heute noch erinnern einige Monumente an Lissabons „goldene" Seefahrtzeiten, wie zum Beispiel Statuen und Büsten von Vasco da Gama oder sein Ehrengrab im Hieronymuskloster im Stadtteil Belém. Ebenfalls im Stadtteil Belém steht das „Denkmal der Entdeckungen". Das große weiße Monument bildet einen Bug ab, der Richtung Tejo zeigt und worauf viele Seefahrer abgebildet sind, unter anderem natürlich auch wieder Vasco da Gama.

Während des „goldenen Zeitalters" herrschte Manuel I. Unter ihm entstand sogar ein eigener Baustil, die Manuelinik. Sie unterscheidet sich nicht in vielem von anderen, für die Zeit typischen spätgotischen Bauten, weshalb sie oft eher als Sonderstil der Spätgotik gesehen wird, statt als eigener Baustil. Das Besondere an diesem Stil sind die vielfältigen, prunkvollen, teils exotischen Ornamente. Die Ideen dieser Ornamente stammten von den Seefahrern, sodass häufig Muscheln, Korallen oder Seesterne abgebildet wurden. Auch heute noch kann man Bauten im manuelinischen Stil in Lissabon entdecken, zum

Beispiel das bereits genannte Hieronymuskloster oder den ebenfalls sehr berühmten Turm von Belém. Auf beides werde ich jedoch später noch zu sprechen kommen.

Das „goldene Zeitalter" endete spätestens 1580, als Portugal 60 Jahre lang von Spanien besetzt und regiert wurde. Nach der Fremdherrschaft schaffte es Portugal nicht mehr, wieder die Kolonialmacht von früher zu werden.

Es folgten zwei weitere dunkle Kapitel Lissabons. Ein schweres Erdbeben (eine 9 auf der heutigen Richterskala) erschütterte die Stadt. Dem jedoch nicht genug. Auf das Erdbeben folgte ein Tsunami, sodass die Stadt zu großen Teilen zerstört war. Sie wurde jedoch innerhalb von fünf Jahren wiederaufgebaut, zum Teil auch neu gestaltet, wie zum Beispiel der Stadtteil Baixa, der schachbrettartig angelegt wurde. Die zweite Katastrophe war der Brand der Altstadt 1988. Der Wiederaufbau dauerte zehn Jahre. Bis heute ist ungeklärt wodurch der Brand verursacht wurde.

Highlights in Lissabon

Wie entdeckt man Lissabon am besten, ohne sich durch viel Treppensteigen zu verausgaben? Mein Tipp: Man nimmt sich pro Tag einen Stadtteil vor. Einerseits ist es entspannter, als von einer Sehenswürdigkeit zur nächsten zu hetzen, andererseits sieht man so nicht nur die Touristenattraktionen, sondern kann auch in das einheimische Leben eintauchen.

BAIXA UND CHIADO

Die Baixa Pombalina, kurz Baixa, ist ein Teil der Unterstadt, die nach dem Erdbeben von 1755 schachbrettartig wiederaufgebaut wurde. Sich hier zurechtzufinden, ist also ganz einfach. Angrenzend an dieses Geschäfts- und Bankenviertel liegt Chiado, ein klassisches Einkaufsviertel, in dem es jedoch auch viel zu sehen gibt, wenn man nicht auf Shopping aus ist.

Ribeira das Naus
Direkt am Tejo gelegen, befindet sich die Ribeira das Naus, eine Uferpromenade, die zum Schlendern einlädt. Ebbe und Flut kann man hier besonders gut bestaunen. Geht man vormittags hier entlang, sieht man den Tejo ruhig fließen und Straßenkünstler verkaufen am Rand des Ufers ihre Gemälde. Nachmittags jedoch sollte man aufpassen, wenn man nicht nass werden will, da der Tejo dann immer mal Wellen an die Mauern schlägt, die schon den einen oder anderen Touristen überrascht haben.

Praça do Comércio

Von der Ribeira das Naus kommt man direkt auf den Praça do Comércio. Der weitläufige, mit hellen Steinen gesäumte Platz gilt als einer der schönsten Plätze Europas. Bis auf die zum Tejo offene Seite, ist er von Arkaden umgeben. In seiner Mitte befindet sich ein Reiterstandbild von König Dom José I. Auf der dem Tejo gegenüberliegenden Seite bildet der Arco da Rua Augusta einen Blickpunkt.

Arco da Rua Augusta

Der Arco da Rua Augusta, der Triumphbogen, bildet den Eingang zum Zentrum der Baixa. Auf ihm sind einige Persönlichkeiten verewigt, unter anderem Vasco da Gama. Auf dem Arco da Rua Augusta befindet sich eine Aussichtsplattform, von der man vor allem den Tejo und das bunte Treiben in der Baixa beobachten kann.

Paços do Concelho

Unweit des Praça do Commércio und des Arco da Rua Augusta befindet sich das Rathaus Lissabons (was auch Câmara Municipal genannt wird). Es wurde bereits zwischen 1866 und 1875 gebaut, als Portugal noch ein Königreich war. Am 5. Oktober 1910 wurde vom Balkon dieses Rathauses die

Republik ausgerufen und die Monarchie damit beendet. Ihr erster Präsident war Teófilo Braga.

Neben der Geschichte des Gebäudes beeindruckt aber auch die Architektur, ganz im neoklassizistischen Stil. Säulen zieren den Balkon des Gebäudes und die Fassade ist, typisch für Lissabon, hell und hervorstechend. Der Praça do Municipio, der Rathausvorplatz, ist kunstvoll mit Schwarz-Weiß-Mosaiken gepflastert und in seiner Mitte steht eine umeinander gewundene Doppelsäule. Dieser „Pelourinho" stellt den ehemaligen Pranger dar und ist ein symbolisches Zeichen für die Stadtrechte Lissabons.

> Tipp: Auch ein Blick in das Rathaus selbst lohnt sich und ist zudem noch kostenlos.

Rossio

Über die Rua Augusta gelangt man vom Praça do Comércio direkt zum Rossio und ist gleichzeitig auf einer der belebtesten Straßen Lissabons. Hier reihen sich unzählige Geschäfte, Cafés und Restaurants nebeneinander. Anders als der große, herrschaftliche und oft leerer wirkende Praça do Comércio wimmelt es hier von Leuten. Kein Wunder, der Rossio ist der

Treffpunkt überhaupt in Lissabon. Inmitten der ganzen Cafés und Touristen fällt die 23 m hohe Marmorsäule, von der Don Pedro IV. herunterschaut, gar nicht auf. Dabei ist sogar der offizielle Name des Platzes Praça Dom Pedro IV., doch sowohl Einheimische als auch Touristen nennen ihn einfach nur „Rossio". Ebenfalls schnell untergehen die wellenförmigen schwarz–weißen Pflastersteine, die den Rossio bedecken. Auf diese sollte man jedoch achten, denn sie sind weltweit der Inbegriff der Lissabonner Pflasterkunst.

Teatro Nacional Dona Maria II.
Etwas auffälliger dahingegen ist das Teatro Nacional Dona Maria II., das Nationaltheater. Die helle Fassade und die Marmorsäulen können einfach nicht übersehen werden. Es bietet, vor allem im Zusammenspiel mit dem sich davor befindlichen Springbrunnen, eine tolle Fotokulisse.

Chiado
Vom Rossio aus erreicht man das etwas höhergelegene Viertel Chiado. Auch hier befinden sich viele Geschäfte, schöne Cafés und eine Menge toller Straßenkünstler, bei denen es sich wirklich lohnt, auch

mal länger stehen zu bleiben. Das Repertoire ist hierbei groß: Von Operngesang, der durch die ganze Straße schallt und manche Passanten eine Träne verdrücken lässt, bis hin zu Hip-Hop-Tänzern, welche das Publikum auch gerne mal mitmachen lassen, ist alles dabei.

Elevador de Santa Justa

Eine der berühmtesten Sehenswürdigkeiten Lissabons verbindet die Baixa und den Chiado: der Elevador de Santa Justa. Diesen neogotischen Aufzug aus dem Jahr 1902 muss man sich angeschaut haben, denn er hat seinen ganz eigenen Charme und ist so ganz anders als die Aufzüge, die man aus Bürogebäuden oder Ähnlichem kennt. Oben angekommen, bietet die Plattform eine tolle Aussicht auf die Unterstadt.

Tipp: Oft steht man lange in der Schlange, um mit dem Aufzug hochzufahren. Einfacher hingegen gestaltet es sich, wenn man das kurze Stück hochläuft und dann mit dem Aufzug hinunterfährt.

Teatro Nacional de São Carlos

Im Stadtteil Chiado befindet sich das Opernhaus Lissabons. Von außen würde man sich das Opernhaus der Hauptstadt Portugals wahrscheinlich noch etwas pompöser vorstellen. Dabei ist es nicht hässlich, ganz im Gegenteil, nur weniger verspielt als viele andere Gebäude in Lissabon. Dafür beeindruckt das Teatro Nacional de São Carlos von innen umso mehr. Dort ist es komplett in Gold und Rot gestaltet und beeindruckt vor allem mit den vielen Rängen. In einem Seitenflügel der Oper befindet sich das Café Lisboa. Es ist im klassizistischen Stil eingerichtet und da es nicht viele Plätze gibt, ist es hier auch angenehm ruhig. Bei schönem Wetter kann man auf der Terrasse sitzen und das Opernhaus betrachten. Das Café Lisboa wird von Portugals bekanntestem Chefkoch José Avillez betrieben und kostet dementsprechend ein wenig mehr (Öffnungszeiten für das Café Lisboa sind täglich von 12 bis 24 Uhr).

ALFAMA

Die Alfama ist der älteste Stadtteil Lissabons. Hier am Rande des Tejo wurde die Stadt von den Phöniziern gegründet, und später auch von den Römern und Arabern besiedelt. Den arabischen Einfluss hört man hier direkt am Namen: „Alfama" kommt aus dem Arabischen und bedeutet so viel wie „heiße Quellen".

Die Alfama ist aber nicht nur ältester Stadtteil Lissabons, sondern auch einer der schönsten. Das kommt vor allem durch die kleinen Gassen, die diesen Stadtteil so urgemütlich erscheinen lassen.

Sé Catedral

Eine der dominierenden Sehenswürdigkeiten in der Alfama ist diese Bischofskirche, welche die älteste Kirche Lissabons ist.

1147 wurde begonnen, diese Kirche zu bauen. Vorher soll hier eine Moschee gestanden haben. Die Sé Catedral beeindruckt mit ihren beiden riesigen burgähnlichen Türmen und der Rosette, die über dem großen Portal prangt.

Sie lässt die massive Kathedrale etwas malerischer wirken. In der Kirche selbst lassen sich auch

Ausgrabungen aus der Römerzeit und aus der maurischen Zeit besichtigen.

Castelo de São Jorge

Das zweite dominierende Highlight der Alfama ist diese Burg. Sie wurde von den Westgoten angefangen und von den Mauren ausgebaut. Auch hier lassen sich wieder die Überreste aus der Zeit der Mauren besichtigen. Einst residierten hier auch die portugiesischen Könige. Alles zur Geschichte der Burg findet man in ihrer Ausstellung. Aber das Castelo de São Jorge bietet noch etwas anderes, nämlich einen tollen Ausblick auf den Tejo und die gesamte Stadt.

Igreja de Santo António de Lisboa

Diese kleine Kirche ist ganz dem heiligen Antonius geweiht. Er ist der Schutzpatron Lissabons und soll an dieser Stelle geboren worden sein. Dementsprechend dreht sich in der Kirche und im Museum nebenan alles um den heiligen Antonius.

Tipp: Sonntag ist der Eintritt bis 14 Uhr frei.

Casa dos Bicos

Wem die Ausgrabungen in der Sé Catedral und im Castelo de São Jorge nicht reichen, der kann diesem Haus einen Besuch abstatten. Hier befindet sich im Erdgeschoss das „Museu de Lisboa – Casa dos Bicos". Zu sehen sind archäologische Funde aus der Römerzeit und dem Mittelalter. Zusätzlich gibt es im oberen Geschoss die Stiftung „Fundação José Saramago". Hier befindet sich ein kleines Museum zu Ehren des portugiesischen Literaturnobelpreisträgers José Saramago.

Aber auch wenn man keines der Museen besichtigen möchte, lohnt es sich, das Haus zu besuchen. Dieses „Haus der Spitzen" wurde 1523 erbaut und hat eine außergewöhnliche Außenfassade. Von weitem sieht es aus wie ein kariertes Haus, doch wenn man näherkommt, bemerkt man, dass die Fassade nicht einfach nur von Quadraten geziert wird, sondern diese Quadrate spitz aufeinander zulaufen, also sozusagen kleine, nach vorne gerichtete Pyramiden bilden. Sehr interessant, eine solche Fassade mal nicht an einem Palast zu sehen, sondern an einem ganz „normalen" Haus.

Museu do Fado

Wer etwas mehr über die eigentümliche portugiesische Volksmusik erfahren möchte, ist hier richtig.

Hier kann man nicht nur etwas über die Geschichte des Fado lernen, sondern ihn sich auch auf etlichen CDs oder manchmal abends im Museumscafé, wenn dort Fado-Amateurkünstler auftreten, anhören. Außerdem gibt es vom Museumscafé aus eine schöne Aussicht über die Alfama.

> Tipp: Wer nur die Aussicht bei einem Kaffee genießen möchte, kann das auch, ohne Eintritt für das Museum zu bezahlen.

Miradouro de Santa Luzia

Von diesem Punkt kann man ebenfalls eine tolle Aussicht auf den Tejo und die Alfama genießen. Unter dem grünen Blätterdach treffen sich hier schon seit Jahrzehnten junge Liebende. Verübeln kann man es ihnen nicht, denn hier ist einer der romantischsten Plätze Lissabons.

> Tipp: Wem der Weg hierherauf zu beschwerlich ist, der kann auch die Elevadores de Santa Luzia, zwei moderne Aufzüge, benutzen.

GRAÇA UND MOURARIA

Die beiden zur Altstadt gehörenden Viertel bieten einen guten Einblick in das Leben der Einheimischen in Lissabon, da sie vom Tourismus noch etwas unberührter sind. Graça gilt als Arbeiterviertel und wirkt neben dem Maurenviertel Mouraria etwas einladender. Mouraria entstand als der erste König Portugals die Mauren aus dem damaligen Lissabon verbannte. Den Status der Ausgeschlossenen konnte Mouraria bis heute nicht richtig loswerden. Jedoch konnte dieser soziale Brennpunkt durch Renovierungsarbeiten und andere Projekte etwas entschärft werden. Trotzdem sollte man hier etwas Vorsicht walten lassen. Mir ist es einmal passiert, dass ich eine Abkürzung durch eine kleine Gasse nehmen wollte. In dieser Gasse standen links und rechts verteilt einige grimmig dreinblickende Männer, die dazu auch noch in Höhe und Breite das Doppelte von mir waren. Das muss Ihnen aber nicht passieren und selbst wenn, nimmt man dann eben den ein wenig längeren Weg und spart diese eine Gasse aus. Vorsichtshalber sollte man im Menschengewühl aber auch hier die Tasche oder den Rucksack im Auge haben.

Centro Comercial da Mouraria

Dieses Einkaufszentrum ist keine Sehenswürdigkeit im eigentlichen Sinne. Jedoch kann man sich ein Bild von der Vielfalt der Kulturen in Mouraria machen. Das Viertel hat einen höheren Einwandereranteil als die umliegenden Gebiete, vor allem gibt es hier viele Immigranten aus China, Indien und den ehemaligen afrikanischen Kolonien.

Praça Martim Moniz

Der Hauptplatz des Viertels Mouraria kann nicht ganz mit dem Praça do Commercio oder dem Rossio mithalten, aber er ist insofern wichtig für Touristen, da hier die Anfangsstation der berühmten Tramlinie 28 ist. Jeder kennt die kleine gelbe Straßenbahn, die sich einmal durch ganz Lissabon schlängelt. Eine Stadtrundfahrt der besonderen Art. Jedoch möchte auch jeder, der Lissabon besucht, gerne mit ihr fahren. Deshalb sollte man direkt an der Anfangsstation Martim Moniz einsteigen, um einen Sitzplatz zu bekommen, geschweige denn überhaupt mitfahren zu dürfen.

> Tipp: Auch am Martim Moniz herrscht großer An-
> drang an der Haltestelle der Tram 28. Meistens lich-
> tet sich das Ganze etwas zum späten Nachmittag und
> Abend hin.

Berço do Fado

Die in Stein gehauene portugiesische Gitarre hier erinnert daran, dass in Mouraria die Wiege des Fado
ist. Einige Meter weiter befindet sich das Fado-Lokal
„Maria da Mouraria". Dieses soll an den ersten Fado-
Star Maria Severa Onofriana erinnern, die eigentlich
eine Prostituierte war. Hier wird wieder sehr deut-
lich, dass der Fado früher vor allem in den sozialen
Brennpunkten gesungen und gespielt wurde. Umso
schöner ist es, dass er heute für alle Lissabonner,
egal welchen Alters oder Milieus, zur Kultur dazuge-
hört.

Igreja e Mosteiro de São Vicente de Fora

Dieses in Graça befindliche Bauwerk ist Kirche und
Kloster zugleich. Es ist dem Stadtpatron, dem heiligen Vinzenz von Saragossa gewidmet. Der helle,
strenge Stil des Gebäudes macht es für eine Besich-
tigung interessant, wenn man etwas Ruhe möchte
und raus aus dem touristischen Trubel. Betritt man

das Kloster von dem kleinen Hof aus, rechts neben dem Hauptportal, sollte man sich nicht von dem kurzen dunklen Gang, der an einer ehemaligen Wasserleitung entlangführt, irritieren lassen. Denn danach folgen die richtigen Räume des Klosters und der Kirche, die allesamt groß und hell sind, und vor allem mit ihren gut erhaltenen Deckenbemalungen beeindrucken.

Aussparen sollte man auch nicht das Dach des São Vicente. Hier kann man von jeder Seite auf einen anderen Teil der Stadt schauen. So sieht man nicht nur Graça selbst, sondern auch den Tejo, die Altstadt und auch das Panteão Nacional. Ein Ausblick, der wirklich viel bietet und auch gut als Fotokulisse dient. Danach sollte man allerdings nicht vergessen, auch den eben schon erwähnten kleinen Hof, durch den man wieder aus dem Kloster hinauskommt, auf sich wirken zu lassen.

Dieser Hof, so klein er ist, strahlt mit seinen Pflanzen eine Ruhe aus, die zum Verweilen einlädt. Vor allem, wenn Blütezeit ist und der Hof gesäumt wird von großen pink leuchtenden Sträuchern.

Panteão Nacional

Die nationale Begräbnisstätte ragt genauso hell und herrschaftlich empor wie das Kloster São Vicente. Vor allem die große Kuppel lässt einen staunen. Im Panteão selbst ist es nicht so verwinkelt wie im São Vicente, denn hauptsächlich gibt es hier eine große Halle und den Altar. Auch von innen dominiert die Kuppel das Gebäude, denn auch der Mosaikboden ist danach hergerichtet.

Der Saal wirkt durch seine Höhe und das viele Licht, welches durch die Kuppel hereinströmt, noch leerer, aber auch noch schöner. Einige Stockwerke höher kann man auch innerhalb des Panteo auf einer schmalen Empore rings um den ganzen Saal laufen. Dazu sollte man jedoch schwindelfrei sein. Auch hier kann man wieder auf das Dach. Zur einen Seite hat man einen tollen Blick auf den Tejo (und sieht, im vollen Ausmaß, wie breit dieser Fluss wirklich ist) und zur anderen Seite kann man auf die Feira da Ladra schauen.

Feira da Ladra

Der „Markt der Diebin" ist der größte und berühmteste Flohmarkt Lissabons. Jeden Dienstag und Samstag findet dieser statt. Seinen Namen nimmt er daher, dass hier so mancher schon Sachen wiedergefunden hat, die ihm entwendet wurden. Hier gibt es nicht nur Porzellan, Schmuck, Secondhandkleidung und Souvenirs, sondern auch Dinge, von denen man nicht gedacht hätte, dass man so etwas noch einmal verkaufen kann. In der Mitte des Flohmarkts befindet sich die Markthalle, die auch, anders als die meisten Händler draußen, an Regentagen zur Verfügung steht. Es lohnt sich auf jeden Fall, einmal darüber zu schlendern.

Tipp: Wenn man gerne etwas auf dem Flohmarkt kaufen möchte, sollte man ihn vormittags besuchen, da hier noch die besten Schnäppchen zu erstehen sind.

Miradouro da Graça

Diesen Aussichtspunkt neben der Graça-Kirche sollte man nicht aussparen. Hier kann man vor allem abends die Stadt und ein Stück vom Tejo toll beobachten, wenn die Sonne langsam untergeht und sich ein mildes Licht über Lissabon legt. Zwischen der Aussicht und der weißen Kirche gibt es ein Terrassencafé, unübersehbar aufgrund der Vielzahl an Stühlen. Hier kann man den Sonnenuntergang auch bei einem Glas Wein oder einem anderen Getränk gut genießen. Wer sich das Geld lieber sparen möchte, kann sich aber genauso gut selbst etwas mitbringen und sich auf die Mauerbegrenzung setzen. Oft spielen hier auch Straßenkünstler, zur Stimmung des Sonnenuntergangs, passende Songs, sodass ein Abend auf diesem Aussichtspunkt zu einem wirklich tollen Erlebnis wird.

BAIRRO ALTO

Die Oberstadt Lissabons stellt ein Szeneviertel dar, was vor allem aufgrund seines Nachtlebens interessant ist. Das Flair dieses Viertels setzt sich zusammen aus kleinen Läden und Galerien, vielen Cafés, Bars und Studentenkneipen, vor denen die Menschen bis spät in die Nacht stehen, etwas trinken und sich unterhalten. In den Lokalen wird abends auch gerne mal Live-Musik gespielt, wobei der Fado natürlich nicht fehlen darf. Tagsüber kann man sich das Bairro Alto gut anschauen, allerdings ist es dann etwas ruhiger.

Jardim Botânico

Wer gerne noch ein bisschen mehr Ruhe möchte, sollte in die Oase des Botanischen Gartens eintauchen. Dieser gehört zur Universität Lissabons und wurde errichtet, um der Lehre und der Forschung der Botanik in der Theorie etwas Praktisches entgegenzusetzen. Diese Entstehung aus der Notwenigkeit ist vielleicht der Grund, warum der Botanische Garten teilweise etwas verwahrlost wirkt, obwohl er so groß ist. Allerdings verleiht ihm das seinen ganz eigenen Charme und er wirkt nicht wie jeder x-beliebige botanische Garten in anderen Städten.

Ascensor da Bica

Diese Standseilbahn wurde von Raoul Mesnier du Ponsard entworfen, demselben, der auch den Elevadors de Santa Justa entwarf. Die Ascensor da Bica hat den Ruf, die Standseilbahn in Lissabon mit der schönsten Route zu sein. Also auch hier wieder eine Möglichkeit, den Ausblick über die Stadt zu genießen.

Miradouro de Santa Catarina

Von diesem Aussichtspunkt hat man einen tollen Blick auf die gegenüberliegende Seite des Tejo, auf den Cristo Rei, auf die Ponte 25 de Abril und auf den

Tejo selbst. Die Plattform ist weitläufig, denn links und rechts daneben befinden sich nicht sofort wieder Häuser, sodass die Miradouro de Santa **Catarina** Promenadencharakter hat. Hier befindet sich außerdem eine Statue, die auf den ersten Blick aussieht wie ein merkwürdig geformter, riesiger Felsbrocken. Doch eigentlich handelt es sich hierbei um das Fabelwesen Adamastor. Dieser Riese wurde vom berühmten portugiesischen Dichter Luís de Camões erfunden. Der Adamastor ist ein Symbol für Naturgewalten und vor allem für die Stürme und Gefahren des Meeres. Das Fabelwesen spielt also auf die Zeit der Entdeckungsreisen und der Seefahrer an, die den Launen des Meeres trotzen mussten.

BELÉM

Über diesen Namen sind Sie in diesem Reiseführer sicherlich schon ein paarmal gestolpert und das nicht ohne Grund. Belém ist zwar kein sonderlich großer Stadtteil, hat aber eine Menge zu bieten. In Belém befinden sich die beiden Bauwerke Lissabons, die zum UNESCO-Weltkulturerbe gehören: das Kloster Mosteiro dos Jéronimos und der Torre de Belém.

Abgesehen davon befinden sich hier aber noch viele weitere Museen, sodass man, wenn man ein besonderer Freund von Museen ist, für diesen Stadtteil lieber mehr als einen Tag einplanen sollte.

Ein weiterer Punkt, der Belém so attraktiv macht, sind die vielen Grünanlagen, welche die Pausen beim Sightseeing noch etwas schöner gestalten können. Allerdings liegt Belém ein Stück weiter weg vom Zentrum Lissabons als die bisherigen Stadtteile. Hier bietet es sich an, eine der kleinen gelben Straßenbahnen auszuprobieren, oder vom Cais do Sodré, der zentralen Metrostation, mit der Metro zu fahren.

Mosteiro dos Jerónimos

Wer Lissabon besucht, muss auch das Hieronymuskloster besuchen. Selbst wenn man sich im Allgemeinen nicht sehr für Kirchen oder Klöster interessiert, sollte man es gesehen haben. Es lohnt sich. Allein von außen ist es sehr beeindruckend: strahlend hell (die Fassade besteht aus Kalkstein), unglaublich groß und verschnörkelt ohne Ende. Das Hieronymuskloster gilt als DAS Bauwerk der Manuelinik. Der Baubeginn war 1501, beendet wurde es aber erst hundert Jahre und einige Architekten später. Im

19. Jahrhundert wurde das Kloster noch um den Westflügel erweitert, in dem sich das Archäologiemuseum und das Marinemuseum befinden. Benannt ist das Kloster nach dem Ordensgründer Hieronymus und bis 1834 lebten an diesem Ort Hieronymiten, die also diesem Orden angehörten. Zwischenzeitlich diente das Kloster auch als Waisenhaus, da es aufgrund der Säkularisation aufgelöst wurde. 1983 wurde das Kloster dann zum UNESCO-Weltkulturerbe erklärt. Heute ist es eine der meistbesuchten Sehenswürdigkeiten in Portugal.

Im Hieronymuskloster ruhen Könige der Dynastie Aviz, die drei wichtigsten Schriftsteller Portugals Luís de Camões, Fernando Pessoa und Alexandre Herculano und Vasco da Gama, der berühmte Seefahrer. Sie können sich vorstellen, welchen symbolischen Wert dies für die Portugiesen hat. Die Kirche des Klosters ist vor allem aufgrund der verzierten Säulen, die in der Deckenwölbung auslaufen, so besonders. Außerdem gibt es hier zwei Darstellungen vom Jesuskind, was auf den Namen oder besser gesagt den Stadtteil, in dem das Kloster steht, anspielen soll: Belém als Bedeutung für Bethlehem. Die Kirche ist aufgrund des hellen Steins, aus dem sie gebaut ist, und aufgrund der großen, typisch bunten Kirchenfenster viel heller und freundlicher als sonst so manche Kirche. Eine weitere Besonderheit kommt dazu: Von der Westseite her, strömt gelb-goldenes Licht durch eine Rosette auf das Kirchen-schiff. Diese Rosette kann man sich besonders gut von der Empore anschauen. Zu dieser gelangt man über den Kreuzgang. Der ist fast noch beeindrucken-der als der Rest des Klosters. Der zweistöckige Kreuzgang ist voll von Bögen und Spitzen, die jeweils wieder reichlich verziert sind. In seinem Kern befin-det sich ein Brunnen und eine kleine Grünanlage. Es befinden sich noch weitere Ausschmückungen hier, zum Beispiel ein Löwen-Wasserspeier, doch mehr möchte ich nicht verraten, sondern Sie lieber selbst die vielen kleinen Details entdecken lassen. Ver-streut im Kloster befindet sich auch wieder, die für Lissabon typische, Fliesenkunst.

> Tipp: Der Eintritt in die Kirche kostet nichts und hier ist auch meist die Warteschlange nicht ganz so lang wie für den Kreuzgang. Wer trotzdem gerne den Kreuzgang sehen möchte, sollte am späteren Nach-mittag hingehen.

Torre de Belém

Dieser Verteidigungsturm ist ebenfalls typisch für den Baustil der Manuelinik und gehört neben dem Hieronymuskloster zu Lissabons berühmtesten Sehenswürdigkeiten. Zwischen 1514 und 1520 wurde er erbaut. Ab 1580 diente er als Kerker für die Portugiesen selbst, denn hier wurden von der spanischen Besatzungsmacht diejenigen eingesperrt, die etwas zu sehr für die Eigenständigkeit Portugals waren. Zwischen 1807 und 1809 wurde er zerstört und später dann rekonstruiert. Der Turm steht heute am Rande des Tejo. Ursprünglich jedoch stand er mitten im Fluss. Jedoch verschob sich das Ufer, durch das Erdbeben von 1755 und Aufschüttungen, weiter Richtung Turm, sodass er heute über eine Zugbrücke leicht begehbar ist. Das Innere des Turms ist relativ klein, jedoch kann man auch hier wieder auf das Dach und eine Aussicht auf den Tejo und die Stadt genießen.

Padrão dos Descobrimentos

Das „Denkmal der Entdeckungen" lässt sich gut über die breite Promenade am Tejo entlang, vom Torre de Belém aus, erreichen. Von der Seite erkennt man, dass es wie eine Karavelle geformt ist. Vom Tejo aus würde man diese Schiffsform sogar noch besser erkennen, denn es ist gebaut, als würde dieses helle Schiff aus Stein gleich in See stechen. Auf diesem „Schiff" befinden sich berühmte Seefahrer, allen voran an der Spitze Heinrich der Seefahrer. Auch Vasco da Gama kann man hier finden. Betrachtet man die „Rückseite des Schiffes", also die Seite des Denkmals, die Richtung Land zeigt, sieht man ein Schwert. Dieses steht als Symbol für die Dynastie Aviz. Unter ihr wurden Kolonien erobert und Portugals internationale Macht immer größer. Auch auf dieses Bauwerk kann man hinauf und hat einen Blick über den Tejo und Belém. Außerdem kann man von hier oben besonders gut das Windrosen-Mosaik auf dem Platz vor dem Denkmal betrachten. Dieses stellt eine Weltkarte dar, in der die ehemaligen portugiesischen Kolonien eingezeichnet sind. Dieses Mosaik war ein Geschenk von Südafrika an Lissabon.

Palácio de Belém

Hier in Belém, in diesem rosaroten Palast, hat der portugiesische Staatspräsident seinen Sitz. Seit 1912 dient dieser Palast dem jeweiligen portugiesischem Präsidenten als Staatssitz und außerdem als Wohnort. Diesen Palast kann man auch besichtigen.

In einem Nebengebäude befindet sich dazu noch das Museu da Presidência, in dem persönliche Gegenstände des Präsidenten oder auch Geschenke anderer Staatsoberhäupter ausgestellt sind. Ein Bonuspunkt ist, wenn man den Palast besichtigt: Man sieht die schönen Gärten mit Blick auf den Tejo.

Render da Guarda: Der feierliche Wachwechsel findet jeden dritten Sonntag im Monat um 11 Uhr statt. Danach spielt im Park gegenüber des Palastes die Reitergarde „Charanga a Cavalo da GNR" Militärmärsche.

Museu Coleção Berardo

In Belém gibt es so einige Museen, aber das Museu Coleção Berardo spricht wahrscheinlich die meisten an. Die Ausstellungsstücke des Museums sind aus der Sammlung des Finanzinvestors Joe Berardo.

Diese Sammlung besteht aus moderner und zeitgenössischer Kunst. Von Surrealismus bis hin zur Videoinstallation ist hier einiges vertreten. Berühmte Kunstschaffende, die hier zu finden sind, sind Salvador Dalí, Pablo Picasso, Max Ernst und auch Pop-Art-Künstler wie Andy Warhol, Roy Lichtenstein und Robert Rauschenberg.

Das Museum bietet auch immer wieder interessante Sonderausstellungen.

> Tipp: Jeden Samstag ist der Eintritt frei.

MAAT

„Museu de Arte, Arquitetura e Tecnologia – Fundação EDP" ist sein vollständiger Name, was so viel heißt wie „Museum für Kunst, Architektur und Technologie". Dieses futuristisch anmutende Museum ist eine Stiftung des ehemaligen Strommonopolisten EDP und genauso muss man es sich auch von innen vorstellen: Es sieht aus wie in einer Fabrik, das Ganze allerdings verbunden mit Kunst und Musik. Der Inhalt des Museums umfasst moderne Kunst, aber jede nähere Beschreibung ist schwer, deshalb sollte man es sich lieber selbst anschauen. Hier gibt es auch viel, um es selbst auszuprobieren.

> Tipp: Der Eintritt ist am ersten Sonntag im Monat frei.

ALCÂNTARA

Das Hafenviertel war einst das industrielle Zentrum Lissabons. Diese Zeiten sind zwar vorbei, aber die alten Fabrikhallen lassen einen erahnen, wie es einmal gewesen ist. Das Viertel hat seinen Namen aus dem Arabischen. Es leitet sich von „Al-Qantara" ab, was so viel wie „die Brücke" bedeutet. Leicht könnte man den Schluss ziehen, dass damit die Ponte 25 de Abril, also die Brücke des 25. April gemeint ist, die teilweise noch über dem Viertel verläuft. Diese wurde aber erst lange nach der Namensgebung gebaut.

Ponte 25 de Abril

Sieht man diese 3,2 Kilometer lange Hängebrücke, denkt man unwillkürlich an die Golden Gate Bridge in San Francisco. Einen Nachbau soll sie aber nicht darstellen. 1966 wurde die Brücke eingeweiht und war damals die längste Hängebrücke Europas. Sie verbindet den Stadtteil Alcântara mit dem Vorort Almada. Sie stellt also die Alternative zur Überquerung des Tejo von einer Uferseite zur anderen dar. Die Brücke besitzt auch ein Besucherzentrum: Das am siebten Pfeiler der Brücke befindliche „Experiência Pilar 7" beinhaltet neben der Ausstellung zur

Historie der Brücke auch die Möglichkeit, im Inneren des Betonpfeilers die Konstruktion der Brücke zu betrachten. Auch hier gibt es wieder eine Aussichtsplattform. Diese befindet sich jedoch in 72 m Höhe und der Boden besteht aus einer Glasplatte. Höhenangst sollte man hier eher nicht haben.

Wer nicht unbedingt in das Museum möchte, kann sich die Ponte 25 de Abril auch gut von weitem anschauen, sie ist auf jeden Fall von vielen Aussichtspunkten zu sehen.

Porto de Lisboa

Direkt unter der Ponte 25 de Abril befindet sich ein Teil des Hafens von Lissabon: Der Jachthafen Doca de Santo Amaro. So wie es sich für einen Jachthafen gehört, befinden sich hier einige Restaurants und Bars. Man kann sowohl nachmittags gut einen Drink zu sich nehmen, oder auch abends nach dem Abendessen das Nachtleben in der Nähe der Jachten genießen. Den anderen Teil des Hafens stellt der Hafenbahnhof Gare Marítima de Alcântara dar. Man sieht ihm sofort an, dass er in den 1940er Jahren gebaut wurde. Zwar wirkt er von außen ziemlich schmucklos, gerade im Gegensatz zu anderen reich verzierten Bauten in Lissabon. Im Inneren jedoch befinden sich

Bilder des portugiesischen Künstlers José de Almada Negreiros. Passend zur Architektur des Bahnhofs sind auch diese Bilder aus den 1940er Jahren. Der Bahnhof ist darüber hinaus historisch interessant: Von hier aus legten im zweiten Weltkrieg viele Schiffe mit Flüchtlingen aus ganz Europa ab.

LX Factory

Auf dem ehemaligen Gelände der Textilfirma Companhia de Fiação e Tecidos Lisbonense hat sich ein Künstler- und Hipsterzentrum gebildet. Ursprünglich wurden hier Stoffe und Garne produziert, doch heute gibt es hier mehr als 100 Restaurants, außerdem Galerien, Buchläden, Designerläden, Cafés und noch einiges mehr. Sogar Konzerte finden hier statt und Theaterstücke werden aufgeführt. An diesem Ort kann man also essen gehen, shoppen oder einfach nur Fotos in cooler Umgebung machen. Jeden Sonntag findet hier ein Flohmarkt von 11 bis 20 Uhr statt, der zwar ein bisschen kleiner ist als der Feira da Ladra, aber dafür gibt es hier höherwertige Sachen. Wer nach grandioser Secondhandkleidung oder Büchern schauen will, ist hier genau richtig.

AVENIDAS NOVAS

Die sogenannten „Neuen Alleen" sind gewissermaßen das Gegenteil der bisherigen Stadtteile. Hier wimmelt es nur so von Bürogebäuden, Shoppingmalls und großen Hotels. Dieser Stadtteil wurde Ende des 19. und Anfang des 20. Jahrhunderts errichtet und erweiterte Lissabon Richtung portugiesisches Binnenland. Wer auch gerne mal das moderne Lissabon sehen möchte, sollte hier unbedingt vorbeischauen.

Museu Calouste Gulbenkian

Calouste Sarkis Gulbenkian, ein armenischer Ölmilliardär, gründete diese Stiftung. Sie besteht aus zwei Teilen: Der eine Teil ist die „Coleção Moderna", der moderne Teil des Museums. Dieser Teil hat mit der Auslese Gulbenkians nichts zu tun, da er nach seinem Tod entstanden ist.

Es handelt sich hierbei um Kunst vom frühen 20. Jahrhundert bis heute. Dort werden Werke vieler portugiesischer Künstler ausgestellt, wie zum Beispiel von Amadeo de Souza-Cardoso, Paula Rego oder Vieira da Silva. Diese Ausstellung soll eine der umfassendsten für moderne und zeitgenössische portugiesische Kunst sein.

Der andere Teil der Ausstellung ist weitaus älter. Bei der „Coleção do Fundador" handelt es sich um die Kunstsammlung Gulbenkians selbst. Diese umfasst 6000 Werke ägyptischer, orientalischer, fernöstlicher und griechisch-römischer Kunst sowie Münzsammlungen und europäische Kunst. Bei den europäischen Kunstwerken handelt es sich um Möbel, Skulpturen, aber auch um Gemälde. Darunter sind berühmte Namen zu finden wie Rubens oder Rembrandt.

Die beiden Ausstellungen befinden sich in verschiedenen Gebäuden, zwischen denen der „Jardim Gulbenkian" liegt. Er bildet das i-Tüpfelchen für dieses Museum. In dem weitreichenden Garten gibt es zwei Museumscafés für den kleinen Snack zwischendurch. Viel wichtiger ist hier aber die Natur, denn abgesehen von dem vielen Grün und den verschiedenen Pflanzen fließt durch diesen Garten auch ein kleiner Bach, in dem sogar Schildkröten leben. Hier sind Kunst und Natur im wahrsten Sinne des Wortes vereint.

> Tipp: Sonntag gibt es hier ab 14 Uhr freien Eintritt.

Campo Pequeno

Anders als die meisten berühmten Bauten in Lissabon, sticht diese Stierkampfarena nicht durch ihre helle, sondern durch ihre rötliche Fassade hervor. Darauf sitzt ein Dach mit kugelförmigen Türmchen. Im ersten Moment denkt man bei dieser verspielten Architektur vielleicht nicht unbedingt an eine Stierkampfarena. Innen wird das schon etwas ersichtlicher: Die kreisrunde Halle hat einen Durchmesser von 40 m und auf den Tribünen ringsherum finden 7000 Zuschauer Platz. Hier finden auch heute noch einmal die Woche Stierkämpfe statt. Dagegen gibt es allerdings viele Proteste in Lissabon. In der Arena gibt es aber auch Konzerte und im Erd- und Untergeschoss sind Restaurants und Geschäfte. Im Obergeschoss befindet sich das „Museu do Campo Pequeno", in dem man alles über die Geschichte des portugiesischen Stierkampfes erfährt, der sich von anderen Stierkämpfen unterscheidet. Hier kann man sich auch für Führungen durch die Arena anmelden.

Tipp zu Souvenirs: Möchte man in Lissabon Souvenirs kaufen, ist das nicht schwer, denn es wimmelt nur so von Souvenirgeschäften.

Gerade deshalb sollte man aber nicht gleich das erstbeste Geschäft auskaufen, sondern sich ein bisschen Zeit lassen und umschauen. Wer Schmuck kaufen möchte, kann bei „Missangas & Co." vorbeischauen. Das Ladengeschäft gibt es dreimal in Lissabon. Hier wird qualitativ guter Modeschmuck verkauft, teilweise mit Bezug zu Lissabon. Zum Beispiel kann man hier Ketten und Ohrringe finden, die im Stil der typischen Lissabonner Fliesen sind.

Falls man sich während seines Aufenthalts in Portugals Hauptstadt nicht entscheiden kann, gibt es zu diesem Laden auch einen Onlineshop. Hält man eher nach Klamotten Ausschau, sollte man sich bei „Typographia" umschauen. Der Laden befindet sich in der Baixa, direkt auf der Rua Augusta. Hier gibt es T-Shirts mit besonderen Aufdrucken. Vom klassischen Lissabonner Fisch mit Fliesenmuster bis hin zu satirisch-politischen Aufdrucken findet man hier so einiges.

Lissabons Umland

Wenn man ein paar Tage mehr Zeit hat und auch gerne mehr von Portugal sehen möchte, kann man sich innerhalb weniger Kilometer noch einige andere Städte und Orte anschauen. Wie viel Zeit man sich dafür nehmen sollte ist unterschiedlich, da man für Almada beispielsweise nur einen halben Tag benötigt und es direkt bei Lissabon liegt, sodass man die andere Hälfte des Tages auch gut wieder in Lissabon selbst verbringen kann. Hierfür würde sich der Stadtteil Alcântara gut eignen, da er direkt an der Ponte 25 de Abril liegt, die Lissabon mit Almada verbindet. Für

Sintra hingegen sollte man sich überlegen, doch lieber zwei oder mehr Tage, statt nur einen einzuplanen.

ALMADA

Almada ist ein Vorort Lissabons. Er befindet sich gegenüber von Lissabon auf der anderen Tejoseite.

Auch hier wird wieder der arabische Einfluss dieses Gebiets spürbar: Der Name Almada kommt von „al ma'din", was sich von Gold- oder Silbermine aus dem Arabischen ableitet. Das traf vor allem zu, als im Zentrum des Vororts, dem Stadtteil Cacilhas, der portugiesische Schiffbau ansässig war. In der Nähe von Cacilhas befinden sich direkt am Tejo viele verlassene Lagerhäuser, die mit Graffiti besprüht sind. Wer ein Faible für Streetart hat, kann sich hier nach dieser auf die Suche machen und wird auf jeden Fall fündig. Außerdem bietet es eine gute Fotokulisse, nicht nur die Streetart, sondern auch der Blick auf den Tejo und Lissabon. Um nach Almada zu kommen, kann man entweder über die Ponte 25 de Abril fahren oder den Ausflug mit einer Fahrt mit der Fähre über den Tejo verbinden.

Cristo Rei

Die Christus-Statue steht etwas ab von diesem Zentrum, näher an der Brücke des 25. April. Diese 1959 gebaute Christus-Statue ist der berühmten Cristo-Redentor-Statue in Rio de Janeiro nachempfunden. Die Entstehungsgeschichte dieser Statue in Lissabon hatte einen denkwürdigen Anfang: 1942 legten Bischöfe ein Gelübde ab, diese Statue zu errichten, wenn Portugal nicht in den zweiten Weltkrieg hineingezogen wird.

Die Statue besitzt, wie fast alles in Lissabon, auch eine Aussichtsplattform. Von dieser hat man einen fantastischen Blick auf den Tejo und ganz Lissabon. Die Statue selbst lässt sich allerdings, da sie sehr groß ist, auch von Lissabon direkt gut betrachten.

CASCAIS

Dieses ehemalige verschlafene Fischerdorf ist heute ein nobler Badeort. Er liegt direkt am Atlantik und bietet mit seinem Sandstrand Platz zum Baden. Die Stadt selbst besteht aus vielen kleinen Geschäften, Cafés, Villen und kleinen Palästen. Auch ehemalige Fischerhäuschen gibt es noch, jedoch sind sie heute auf Hochglanz poliert. An besonders warmen Tagen ist der Strand zwar voll, dafür kann man aber die Stadt ganz in Ruhe betrachten.

Wenn man sich aber doch gerne abkühlen möchte, kann man zwischen dem Santa-Marta-Leuchtturm und dem Boca do Inferno die kleine Bucht suchen, die zwar auch voll ist, aber durch die Felsen und Bäume doch etwas privater wirkt als der Sandstrand. Außerdem ist diese Bucht mit dem hellblauen Wasser zwischen den rauen Felsen und den herrschaftlichen Villen im Hintergrund einer der schönsten Orte, den man aufsuchen kann.

Vorsicht jedoch, wenn man von den Felsen überhitzt ins Wasser springt: Es handelt sich um den Atlantik, der um einiges kühler ist als beispielsweise das Mittelmeer. Das hat schon so manchen Touristen überrascht.

Bis nach Cascais kann man vom Cais do Sodré in Lissabon gut mit der Bahn, für wenig Geld, fahren. Die Fahrt dauert ungefähr 20 Minuten.

Tipp: Wem das Meer selbst zu kalt ist, wer sich aber trotzdem abkühlen möchte, sollte nach den vielen Strandduschen Ausschau halten, die sich entlang der Promenade befinden. Diese sind wesentlich wärmer als der Atlantik, aber trotzdem erfrischend, gerade an den besonders heißen Tagen.

Boca do Inferno

Der sogenannte „Höllenschlund" befindet sich außerhalb des Zentrums von Cascais. Der Weg hierhin kann an sehr warmen Tagen anstrengend sein, aber er lohnt sich. Nicht nur das Ziel ist beeindruckend, sondern die Route, die dahin führt, ebenfalls. Hier kann man die für Portugal so typischen Felsklippen sehen, hinter denen man auf den offenen Atlantik hinausschauen kann.

Der Boca do Inferno selbst besteht ebenfalls aus Felsklippen, die durch Erosion zu einem Kessel geformt wurden. Daher und durch das tosende Geräusch, welches entsteht, wenn eine Welle in diesen Kessel hineinstürzt, kommt der Name „Höllenschlund". Besonders spektakulär ist das Ganze an windigen Tagen, wenn es besonders viele und hohe Wellen gibt. Aber auch, wenn man an einem etwas ruhigerem Tag da ist, gibt es immer noch genug zu sehen. Außerdem bietet der Boca do Inferno eine tolle Fotokulisse.

Paredão

Hierbei handelt es sich um die Strandpromenade zwischen Cascais und Estoril. Die Promenade verläuft nahtlos von dem einen Badeort zum anderen und bietet sich hervorragend für einen tollen Spaziergang am Meer an.

> Tipp: Wenn man von Lissabon mit der Metro nach Cascais fährt, kann man einfach eine Station eher aussteigen, also in Estoril und von dort nach Cascais spazieren. An dem Preis für die Bahnfahrkarte ändert das nichts.

SINTRA

Die am Fuße des Sintra-Gebirges gelegene Stadt ist überraschend anders als Lissabon oder auch Cascais. Nicht nur das Klima ist hier kühler, sondern auch die Umgebung hebt sich ab: Es gibt viele Wälder und Berge. Sintra diente als Sommerresidenz einiger Könige, was man auch heute noch sieht. Die Stadt ist gespickt mit Palästen, Landhäusern und

Gärten. Auch den Romantikern im 19. Jahrhundert gefiel es in Sintra. Unter anderem verweilten hier Schriftsteller wie Lord Byron. Bis heute hat die Stadt nichts von ihrer Romantik verloren. Nicht umsonst ist sie seit 1995 UNESCO-Weltkulturerbe. Nach Sintra kann man ebenfalls mit der Bahn fahren. Vom Rossio aus gibt es eine Extralinie, deren Name „Linha de Sintra" ist. Die Fahrt dauert ungefähr 40 Minuten.

Palácio Nacional da Pena
Dieses Schloss verkörpert ein geradezu romantisches, märchenhaftes Flair. Viele verschiedene Stilelemente wurden beim Bau miteinander kombiniert, unter anderem Gotik, Manuelinik, Romantik und Barock. Zusammen mit der Farbenvielfalt der Fassaden ergibt es das perfekte Bild von einem Märchenschloss. Auch im Schloss selbst kann man im königlichen Flair schwelgen, da noch heute die Gemächer der königlichen Familie des Königs Dom Fernando II., der dieses Schloss für seine Frau Dona Maria II. bauen ließ, komplett eingerichtet sind. Von der Aussichtsplattform des Schlosses hat man einen tollen Blick auf Sintra und Lissabon.

Castelo dos Mouros

Die spektakulärste Aussicht bekommt man aber von diesen Burgruinen. Hier wurde unter arabischer Herrschaft einst eine Maurenburg gebaut, wovon heute nur noch die Ruinen vorhanden sind. Die Burgruine liegt allerdings ein Stück entfernt von Sintras Stadtzentrum. Entweder kann man eine kleine Wanderung hierherauf unternehmen, oder man fährt mit dem Auto oder Taxi.

Quinta da Regaleira

Dieser Palast wurde erst zu Beginn des 20. Jahrhunderts gebaut, beeindruckt aber trotzdem mit seinen gotischen und manuelinischen Elementen. Der Palast ist zwar nicht so bunt, aber gerade durch die graue Fassade, die vielen Schnörkel und den üppigen grünen Garten ringsherum, wirkt er wie ein Dornröschenschloss, welches sich im hundertjährigen Schlaf befindet. Noch geheimnisvoller ist es, wenn man durch den Garten des Palastes schlendert und dabei so einige Höhlen und Tunnel entdeckt.

Restaurants und Cafés

In Lissabon lecker und günstig zu speisen ist nicht schwer. Die besten Lokale entdeckt man meistens durch Zufall in einer kleinen Nebengasse, von denen es in Lissabon sehr viele gibt. Um aber erstmals einen Anhaltspunkt zu haben, ist hier eine kleine Auswahl zusammengestellt.

Um Ihnen unangenehme Situationen zu ersparen: In den meisten Restaurants in Lissabon wartet man, bis einem ein Platz zugewiesen wird, statt sich selbst einen zu suchen.

Cantina Baldracca

Mein absoluter Favorit und Geheimtipp. Zwar ist dieses kleine Restaurant eng bestuhlt und durch das junge Publikum meist ein wenig lauter, aber in meinen Augen spiegelt es Lissabon sehr gut wider. Die Bedienung ist freundlich, die Gäste sind freundlich, das Essen ist frisch und schmeckt hervorragend und ist dazu auch noch preisgünstig. Die Küche mutet italienisch an, hat aber auch viele portugiesische Einflüsse, da es zu Pasta und Pizza oft Fisch oder Meeresfrüchte als Topping gibt.

Das Restaurant befindet sich an der Ecke zwischen der Rua das Farinhas und der Beco das Farinhas. Doch Vorsicht, der Name steht nicht auffällig außen dran, deshalb sollte man aufpassen, dass man nicht versehentlich an der blauen Eingangstür vorbeiläuft. Dorthin zu gehen bietet sich besonders an, wenn man Graça und Mouraria besichtigt oder wenn man in der Baixa ist.

Öffnungszeiten:
Montag bis Samstag von 12 bis 24 Uhr geöffnet.

O Pitéu

In diesem Traditionsrestaurant gibt es nicht viele Touristen, dafür aber mehr echte Lissabonner. Auch hier ist die Bestuhlung relativ eng, wodurch immer mal wieder die Tische umgestellt werden (natürlich nur, wenn man gerade nicht daran sitzt). Was den Innenbereich so besonders macht, sind die typischen Lissabonner Fliesen, die hier mal nicht an der Außenfassade sind, sondern direkt im Speiseraum. Es gibt viel Fisch, aber auch Steak und Schnitzel. Das Restaurant ist auf der Largo da Graça, kann aber ebenfalls leicht übersehen werden. Ein Besuch des Restaurants bietet sich vor allem dann an, wenn man sich gerade Graça anschaut.

Öffnungszeiten:
Mittags: Montag bis Samstag von 12 bis 15 Uhr,
Abends: Montag bis Freitag von 19 bis 22:30 Uhr.

Descobre

Durch einen Feinkostladen im vorderen Teil kommt man in das gehobene Restaurant im hinteren Bereich. Hier werden portugiesische Gerichte um Einflüsse aus Rezepten anderer Kulturen erweitert. Die Einrichtung ist schick und modern und die

Bedienung sehr freundlich, auch wenn man nicht passend angezogen ist für ein schickes Restaurant. Die Gerichte sind etwas teurer, aber nicht zu teuer. Es ist gut geeignet, wenn man sich mal etwas Schickeres gönnen möchte, aber nicht ganz tief in die Tasche greifen mag. Das Descobre befindet sich auf der Rua Bartolomeu Dias und liegt damit im ruhigeren Teil von Belém und zwischen einigen Häuserblocks, die ein so schönes Restaurant erst einmal nicht vermuten lassen. Hier kann man gut vorbeischauen, wenn man in Belém ist.

Öffnungszeiten:
Montag bis Samstag von 12 bis 24 Uhr
Sonntag von 12 bis 18 Uhr

Carnalentejana

Das Steakrestaurant befindet sich im Gebäude der Stierkampfarena, direkt links neben dem Haupteingang. Der Innenraum passt zur Stierkampfarena mit seinen Steinwänden und der relativ minimalistischen Ausstattung. Die Gerichte sind etwas teurer als in den oberen beiden Restaurants, aber nicht unerschwinglich. Das Fleisch der Burger und Steaks kommt von einer speziell gezüchteten Rinderrasse.

Es handelt sich dabei nicht um Massentierhaltung. Dieses Restaurant bietet sich besonders an, wenn man gerade in Avenidas Novas ist.

Öffnungszeiten:
Mittags: täglich von 12 bis 15 Uhr
Abends: Montag bis Samstag von 20 bis 23 Uhr

Café Nicola

Dieses gehoben wirkende Café auf dem Rossio bietet sich perfekt an, um das Treiben auf dem Platz zu beobachten. Vielleicht sind genau deshalb die Gäste meistens Touristen. Doch hier sollen auch einige Literaten verkehrt haben, unter anderem der Dichter Bocage, auf den eine Statue hinweist. Hier kann man am besten eine kleine Pause einlegen, wenn man sich die Baixa ansieht.

Öffnungszeiten:
Täglich von 8 bis 1 Uhr

Café A Brasileira

Dieses Café beeindruckt schon durch seinen Eingang. Dass man sich für eine Eingangstür zu einem Café so viel Mühe gibt, kennen wir so aus Deutschland gar nicht. Auch innen wird der Stil des Eingangs mit viel Holz und ein bisschen wie im vorherigen Jahrhundert wieder aufgegriffen. Man kann aber auch draußen auf der Terrasse sitzen, die ein Stück erhöht, mitten auf dem Boulevard ist. Hier kann man dann nicht nur das bunte Treiben beobachten, sondern oft auch dem einen oder anderen Straßenkünstler zuhören. Außerdem leistet einem die Bronzestatue des Dichters Fernando Pessoa Gesellschaft, der direkt neben der Terrasse ebenfalls an einem Tisch sitzt. Das Café kann man wunderbar besuchen, wenn man von der Baixa zum Chiado läuft oder umgekehrt.

Öffnungszeiten:
Täglich von 8 bis 2 Uhr

Tipp: Isst man in Lissabon in einem Restaurant, beginnt es meist mit dem Couvert, dem Gedeck. Da man es einfach auf den Tisch gestellt bekommt, kommt man leicht zu der Annahme, dass es kostenlos ist. Am besten fragt man nach oder lässt es wieder abtragen, wenn man es nicht möchte.

Anreise

FLUGZEUG

M it dem Flugzeug ist es sehr einfach nach Lissabon zu kommen. Auch Direktflüge zu bekommen ist nicht schwer. Allerdings muss man früh genug buchen, um einen günstigen Preis zu erhalten. Wenn man vorhat, in der Nebensaison Lissabon zu besuchen, kostet das Fliegen um einiges weniger.

Vom Flughafen zum Hotel kann man entweder mit der Metro oder mit dem Taxi fahren. Die rote Metrolinie verläuft vom Flughafen bis zum Bahnhof Oriente und in Lissabons neueren Stadtteil (Avenidas Novas). Wenn man weiter in Richtung Altstadt fährt, muss man einmal umsteigen. Auch eine

Taxifahrt ist kein Problem, da vor dem Flughafen immer genug Taxis warten.

BAHN

Mit der Bahn braucht man von Frankfurt bis Lissabon ca. 26 Stunden und muss zweimal umsteigen, einmal in Paris und einmal in Hendaye. Es gibt auch noch eine etwas andere Bahnverbindung, die unter Umständen ein wenig preisgünstiger ist, bei der man allerdings zwischen 34 und 36 Stunden fährt und zwischen sechs- und achtmal umsteigt. Man fährt hier nicht nur über Paris, sondern auch über Barcelona, Madrid und Mérida.

EIGENES FAHRZEUG

Fährt man mit dem eigenen Fahrzeug nach Lissabon, kann das zwei bis drei Tage dauern. Die reine Fahrzeit (von Frankfurt aus) beträgt ca. 23 Stunden. Für die Mautgebühren müssen pro Strecke über 100 € eingeplant werden. Außerdem sollte man in Lissabon etwas aufpassen, wenn man solche engen Gassen und Anstiege nicht gewohnt ist. Die Lissabonner selbst sind hier jedoch relativ zügig unterwegs, was für unerfahrenere Autofahrer noch eine Schwierigkeit mehr darstellt.

Tipps für den kleinen Geldbeutel

Reist man nach Lissabon, muss man nicht ganz so um seinen Geldbeutel bangen wie in einigen anderen europäischen Großstädten. Um hier und da noch ein wenig zu sparen, folgen noch ein paar Tipps für den kleinen Geldbeutel:

PREISWERT ESSEN

Das Essen ist in Lissabon generell nicht sehr teuer. Um aber noch ein wenig mehr zu sparen, kann man von Montag bis Freitag das Angebot vieler Restaurants eines Mittagsmenüs nutzen.

Auch die „Food Courts" in den großen Einkaufszentren bieten sich für günstiges Speisen an. Hier gibt es natürlich nicht nur Fast Food, sondern auch einheimische Gerichte.

TICKETS UND KARTEN

Um beim Sightseeing noch ein wenig zu sparen, kann man Kombitickets kaufen, am besten vor dem Urlaub online, dann bekommt man noch ein paar Prozent Rabatt auf das eh schon günstigere Kombiticket. Das Kombiticket gilt für mehrere Museen. Für welche Museen es Kombitickets gibt, können sie online ganz einfach nachschauen.

Wer viel sehen will, der sollte sich eine Lisboa Card zulegen. Hiermit kann man ohne weitere Kosten die Metro, die Tram oder Aufzüge benutzen. Das bietet sich vor allem an, wenn man sich auch Cascais oder Sintra anschauen möchte. Außerdem kann man mit dieser Karte in viele Museen und Klöster kostenlos oder bekommt Ermäßigung.

Ist man Student oder Schüler, kann man sich einen ISIC-Studentenausweis besorgen. In vielen Museen gibt es für Schüler oder Studenten ermäßigten Eintritt. Bei manchen Sehenswürdigkeiten bekommt man die Ermäßigung auch mit seinem normalen Schüler- bzw. Studentenausweis, aber mit dem internationalen Studentenausweis gehen Sie auf Nummer sicher. Der ISIC-Studentenausweis ist keine Investition nur für Lissabon, sondern ist auch in vielen anderen Städten nützlich.

Die European Youth Card funktioniert ähnlich wie der ISIC-Studentenausweis, und ist für junge Leute unter 30, die keinen internationalen Studentenausweis besitzen. Mit ihr bekommt man viele Rabatte und Vergünstigungen. Außerdem gilt sie in Portugal als Jugendherbergsausweis.

Für Arbeitslose oder Menschen mit Behinderung aus EU-Ländern ist bei vielen Sehenswürdigkeiten bei Vorlage der entsprechenden Bescheinigung der Eintritt günstiger oder auch ganz frei.

Ab 65 Jahre bekommt man in Portugal sehr viele Vergünstigungen. Dabei muss man keine extra Karte haben, sondern einfach nur sein Alter nachweisen.

Freien Eintritt ohne jegliches Ticket gibt es in vielen städtischen Museen meistens Sonntagvormittag. Bei den hier aufgeführten Sehenswürdigkeiten finden Sie die Zeiten, wann der Eintritt frei ist, als Tipp unter dem jeweiligen Absatz.

TAXI FAHREN

Braucht man doch einmal ein Taxi, beispielsweise, um vom Flughafen zum Hotel zu gelangen, ist das an sich nicht weiter schlimm, denn Taxi zu fahren ist in Lissabon um einiges günstiger als in Deutschland. Jedoch gibt es leider auch Taxifahrer, die versuchen, ein wenig Extrageld herauszuschlagen bei den Touristen. Man sollte auf jeden Fall vorher nachfragen, wie teuer die Strecke ungefähr wird. Wenn man bei einer Taxigesellschaft anruft, kann man das auch gleich am Telefon klären. Außerdem sollte man darauf achten, dass man das Taxameter sehen kann, denn manche Taxifahrer klappen den Beifahrersitz extra so nach vorne, dass die Summe auf dem Taxameter nicht ersichtlich ist, wenn man auf der Rückbank sitzt. Eine weitere beliebte Strategie ist es, wenn der Taxifahrer Sie aussteigen lässt und viel mehr verlangt als abgesprochen war, das Taxi aber auf der Straße geparkt hat und dahinter andere Autos warten. Hier sollten Sie sich nicht stressen lassen und sich mit dem Taxifahrer zumindest auf einen Kompromiss einigen. Am besten geht man solchen Situationen aus dem Weg, wenn man das Taxi über ein Taxiunternehmen bestellt. Oft haben Hotels oder Ferienwohnungen die Nummern von verlässlichen Taxiunternehmen hinterlegt, wenn nicht, können Sie aber auch einfach an der Rezeption danach fragen.

UNTERKUNFT

Man muss in Lissabon nicht unbedingt in einem Hotel wohnen. Es gibt auch viele schöne Ferienwohnungen, die teilweise preiswerter sind als Hotels. Am preisgünstigsten sind jedoch, wie fast überall, die Hostels und Jugendherbergen.

DIE GÜNSTIGSTE REISEZEIT

In der Sommersaison von Juni bis August sind die Preise für Flüge und Hotels am teuersten. Um einiges preiswerter ist es außerhalb der Saison im Frühling und Herbst. Das Wetter ist dann auch sehr schön, nur nicht ganz so heiß. Wer gerne noch etwas von den sehr warmen Temperaturen abbekommen möchte, sollte Lissabon Anfang September aufsuchen. Schwierig wird es mit dem Wetter, wenn man Lissabon im Winter besucht.

Ein kurzes Abschlussplädoyer

Lissabon wird leider oft vergessen, wenn es um die Urlaubsplanung geht. Dabei hat diese charismatische Stadt eine Menge zu bieten. Ich würde immer wieder hinfahren und es auch jedem weiterempfehlen. Die Stadt steckt einen mit ihrer Lebhaftigkeit und ihrer Individualität an. Hier vereinen sich südländisches und weltstädtisches Flair bei einem bezaubernden Städtetrip und ergeben eine einzigartige Komposition. Auch wenn man nur wenige Tage Zeit hat, lohnt es sich. Wichtig ist dann aber auf jeden Fall, nicht die allgemein beliebtesten Sehenswürdigkeiten alle sehen zu wollen, sondern sich ein bis zwei Stadtviertel herauszusuchen, die einen vom Gesamtpaket her ansprechen und sich darauf zu konzentrieren. Ein paar Tage Lissabon lassen sich beispielsweise auch gut mit einer Tour an der Westküste entlang verbinden, da Cascais und Sintra ebenfalls sehr sehenswert sind und praktischerweise auf dem Weg Richtung Norden nach Porto liegen. Ich bin mir jedoch sehr sicher, dass Sie auch von ein paar wenigen Tagen Lissabon so begeistert sein werden, dass es Sie wieder und vielleicht auch etwas länger dann hierhin verschlägt. Aber am besten ist es, wenn Sie Lissabon einfach selbst entdecken und sich von der Stadt überzeugen lassen.

Ich wünsche Ihnen viel Spaß bei Ihrer Reise!

Herstellung und Verlag:

BoD – Books on Demand, Norderstedt

ISBN: 9783750497948

© Larissa Wieding 2020

1. Auflage

Kontakt: Psiana eCom UG/ Berumer Str. 44/ 26844 Jemgum

Covergestaltung: Fenna Larsson

Coverfoto: depositphotos.com